Doris Meyer

Sternenschwester

Ein Buch für Geschwister und Eltern von tot geborenen Kindern

Mit einem Nachwort von Franziska Maurer

Mabuse-Verlag

Unterstützt durch:

Fachstelle Fehlgeburt und perinataler Kindstod
Information und Beratung für Fachpersonen und betroffene Eltern
Postfach 480 • 3000 Bern 25 • Fax 031 333 33 62 • fachstelle@fpk.ch • www.fpk.ch
Info-Telefon 031 333 33 60 • Mo – Fr 8.30 – 10.00 Uhr

Bibliografische Information der Deutschen Nationalbibliothek.
Die Deutsche Nationalbibliothek verzeichnet diese Publikation in der Deutschen Nationalbibliografie; detaillierte bibliografische Angaben sind im Internet über http://dnb.d-nb.de abrufbar.

Informationen zu unserem gesamten Programm, unseren AutorInnen und zum Verlag finden Sie unter: www.mabuse-verlag.de.
Wenn sie unseren Newsletter zu aktuellen Neuerscheinungen und anderen Neuigkeiten abonnieren möchten, schicken Sie einfach eine E-Mail mit dem Vermerk „Newsletter" an online@mabuse-verlag.de.

Kasseler Str. 1a • 60486 Frankfurt am Main • Tel.: 069/70 79 96-13 • Fax: 069/70 41 52
verlag@mabuse-verlag.de • www.mabuse-verlag.de

Das auf den Seiten 20/21 abgedruckte Lied entstammt dem Band „BANDUDELI, Lieder u Värsli", erschienen im Zytgloggeverlag 1997. Die Übertragung des Textes erfolgte durch Doris Meyer. Die Abdruckrechte für den hochdeutschen Text liegen beim Mabuse-Verlag.

Druck: Kösel GmbH & Co. KG, Altusried-Krugzell
Layout: Christof Bigler, Trimstein • Umschlag: Marion Ullrich, Frankfurt am Main
ISBN: 978-3-940529-97-8

Für Dominik, Nele, Lucien & Lali

Heute backe ich einen Kuchen mit Papa.
Meine Schwester Maja hat Geburtstag.
Aber sie kann nichts von ihrem Kuchen essen,
weil sie nicht mehr da ist.
Sie hat sich in Mamas Bauch plötzlich nicht mehr bewegt.
Das war, noch bevor ich zur Welt kam.

Den Kuchen dekoriere ich mit farbigen Smarties
und viel Schokolade.
Das hätte sie bestimmt gerne gegessen!

Wir schauen uns die schöne Schachtel an, wo Mama und Papa
ein paar Erinnerungsstücke an Maja aufbewahren.
Da ist ein rotes Tuch, in das Maja eingewickelt war,
als sie zur Welt kam.
Unter dem Tuch liegt ein kleiner Zwerg.
Den hatte sie in der Hand,
als sie noch einige Tage zu Hause im Körbchenbett lag.

Die Hand- und Fußabdrücke auf der Karte sind viel kleiner als meine!
Ihre Haare waren ganz dunkel und
fast so lang, wie meine Finger jetzt sind.

Im Fotoalbum kann man Mamas großen Bauch sehen.
Da war Maja drin, genau wie ich nachher.
Fast sieht Maja aus, als ob sie nur schlafen würde.
Aber es ist doch irgendwie anders.
Welche Augenfarbe hätte sie wohl gehabt?

Wir schauen uns auch meine Fotos an.
Mama und Papa sind sehr froh,
dass ich dageblieben bin.
Sie hatten manchmal ziemliche Angst um mich,
bis ich auf die Welt kam.
Weil sie nicht genau wussten,
ob ich wie meine Schwester auch gleich wieder gehe.
Aber ich wollte bleiben.
Ich lebe und bin anders als Maja.

Mama und Papa sind manchmal traurig, weil Maja nicht mehr da ist.
Wie sieht es im Himmel wohl aus?
Hat sie auch Freundinnen zum Spielen?
Welches ist ihr Lieblingsessen?
Kann sie auch so gut klettern wie ich?
Gefällt es ihr dort, wo sie jetzt ist?
Warum ist sie nicht bei uns?

Mama weiß es auch nicht so genau.
Manchmal spürt sie Maja ganz nah, obwohl sie nicht da ist.
Papa sagt, wir haben sie in unseren Herzen und Gedanken immer bei uns.

Ist sie vielleicht wie ein Engel?
Irgendwie ist sie da und doch nicht.
Ich werde mal Opa und Oma fragen.
Vielleicht wissen die mehr?

Am Nachmittag feiern wir bei Majas Baum.
Mama und Papa haben ihn als Erinnerung an
einem besonderen Ort gepflanzt.

Ich habe ein kleines Windspiel für sie gemacht
und meinen allerschönsten Stein mitgebracht.
Mama hat ihr einen Brief geschrieben.
Papa legt ein schönes Kastanienblatt dazu.

Auf einer Wiese machen wir ein schönes Feuer.
Wir schreiben unsere Wünsche auf das Holz,
damit diese mit den Flammen zu Maja
in den Himmel steigen.

Wir singen Lieder und tanzen.
Hoffentlich hört sie uns!

Ich will an meinem Geburtstag
auch ein großes Feuer.
So kann ich mit meinen Freunden
eine Wurst braten und Stockbrot backen.

Ein Freund von mir hat einen kleinen Bruder, Beni,
der auch im Bauch seiner Mama gestorben ist, wie Maja.
Zusammen mit seiner Mama und seinem Papa geht er oft
zum Grab auf den Friedhof und bringt
ein Windrad, eine Kerze
oder ein schönes Schneckenhaus mit.

Manchmal spielen wir zusammen
Raumschiff und fliegen in einer Schachtel
durch den Himmel.
Vielleicht begegnen wir einmal Maja und Beni
und können mit ihnen spielen?
Wie sehen sie jetzt aus?
Kennen sie einander überhaupt?
Sind sie vielleicht an einem ganz anderen Ort?

Abends schaue ich in den Himmel.
Wie hell die Sterne funkeln!
Manchmal stelle ich mir vor,
dass Maja irgendwo im Himmel umherreist,
auf einer Wolke oder als kleiner Stern.
Ich habe eine Sternenschwester.

Leuchtet nicht dort ein Stern besonders hell?
Ich winke ihm zu.
Jetzt hat er zurückgefunkelt!

Gute Nacht ,
liebe Sternenschwester Maja –
ich wünsche dir eine gute Reise.
Ich reise auf der Erde und du im Himmel.

Dein Erdenbruder

Abend-Lied

(Schweizerdeutsch)

Mis Schwöschterli im Himmel
Wie hani di so gärn
Am Abe wes tuet dunkle
Und fürchunnt Schtärn um Schtärn

De suech i mir vo allne
Dr Schönscht u Heiterscht uus
Är schteit so lieb und fründlech
Grad über üsem Huus

I luege wien er lüüchtet
Uf syre höchschte Wacht
De rüefi lysli ufe
Mis Schwöschterli guet Nacht
Mis Schwöschterli guet Nacht

(Hochdeutsch)

Mein Schwesterchen im Himmel
Wie hab' ich dich so gern
Am Abend wenn es dunkel wird
Erhellt sich Stern um Stern

Ich suche mir aus allen
Den Hellsten, Schönsten aus
Er steht ganz lieb und freundlich
Hoch über uns'rem Haus

Bewundere sein Leuchten
Auf seiner höchsten Wacht
Und ruf' ihm leise zu:
Mein Schwesterchen, gut' Nacht
Mein Schwesterchen, gut' Nacht

1.+2.
3.

Hier ist Platz für ein selbst gemaltes Bild oder Eure Gedanken

Hier ist Platz für ein selbst gemaltes Bild oder Eure Gedanken

Ein Nachwort

Ein Kind wird erwartet. Seine Eltern bereiten ihm einen Platz in ihrem Herzen, in ihrer Partnerschaft, in der Familie, in ihrem Haus. Seine Geschwister sind gespannt, haben Fragen, Wünsche, Pläne und vielleicht auch Zweifel. Wie wird das sein, wenn das Baby da ist? Wo wird es schlafen? Kann ich mit ihm Fußball spielen? Mag es auch so gerne Schokolade wie ich? Können wir dann zusammen in den Wald? Muss ich dann alles teilen?

Die Zeit der Schwangerschaft ist geprägt von Erwarten, Hoffen, Planen, Wünschen. Oft auch von Bangen und Zweifeln. Und zunehmend, im Rahmen der modernen medizinisch-technischen Möglichkeiten, ist es auch eine Zeit von Kontrollieren, Testen, Entscheiden. Anstelle des Hoffens rückt der Wunsch nach Sicherheit, anstelle des Erwartens, des Ungewissen rückt der Wunsch nach Wissen und Handeln. Und doch bleibt immer noch vieles unberechenbar.

In der Schweiz kommen jedes Jahr etwa 70.000 Kinder auf die Welt, ungefähr 300 Kinder sterben im Mutterleib, ebenso viele im ersten Lebensmonat[1]. Täglich sind in der Schweiz zwei Familien vom frühen Tod ihres Kindes betroffen. Mitten in der Hoffnung und Erwartung ein jähes Ende. Da waren so viele Pläne für das Leben mit diesem Kind! Da ist so viel Liebe ... wohin jetzt damit?

---

[1] In Deutschland rund 10 Mal mehr Geburten als in der Schweiz, Kindersterblichkeit im gleichen Verhältnis

Eine Schwangerschaft und die Geburt eines Kindes verändern das ganze Familiensystem. Das Neugeborene steht im Zentrum der Familie. Eltern und Geschwister, aber auch Großeltern und weitere Angehörige, müssen sich neu orientieren, einen neuen Platz und eine andere Rolle einnehmen. Alle treten auf ihre Art und Weise in Beziehung zum Baby. Besonders im ersten Jahr sind Familienleben und Alltag stark geprägt durch das kleine Kind. Kommt das Baby tot zur Welt oder stirbt es nach der Geburt, wird eine Frau trotzdem zur Mutter, ein Mann zum Vater und ein Kind zum Geschwister. Damit sich alle unter diesen besonderen Umständen in ihrer neuen Rolle zurechtfinden können, braucht es Respekt für das Geschehen, Akzeptanz für den individuellen Umgang mit der Situation und unterstützende Rahmenbedingungen[2].
Kommt ein Kind auf die Welt, nachdem vor ihm ein Bruder oder eine Schwester rund um die Geburt gestorben ist, ist es mit besonderen Bedingungen konfrontiert. Es handelt sich nicht um eine akute Trauersituation, jedoch sind sowohl die Mutter wie der Vater geprägt von der schmerzhaften

Erfahrung des Verlustes, was sich direkt und indirekt auf das nachfolgende Kind auswirkt. Das Nachfolgekind hat einen kognitiven Bezug zum verstorbenen Baby – ihm wird vom Baby erzählt, es sieht es

---

[2] Aus: „Trauernde Geschwister – Orientierung und Unterstützung zum Begleiten von Kindern beim frühen Tod eines Babys", Kathrin Gund/ Franziska Maurer, 2010; S. 13. Bezug: www.fpk.ch

auf Fotos. Sein emotionaler Bezug zum verstorbenen Geschwister ist geprägt durch die Gefühle der Eltern, jedoch fehlt das gemeinsame Erleben (Berühren, Halten, Sehen). Alle diese Faktoren beeinflussen seine Beziehung zum toten Baby und sein eigenes Leben[3].

„Sternenschwester" ist ein außerordentlich wichtiges Buch!
Die Autorin hat auf sehr sensible Art und Weise Kindern und Erwachsenen einen Zugang geschaffen, sich selber Bilder und Gedanken zu machen. Wo ist wohl das verstorbene Baby? Wie sieht das Leben seiner Eltern und Geschwister aus? Wie können wir den früh verstorbenen Kindern einen Platz schaffen in der Familie, in unseren Handlungen und in unseren Erinnerungen?
Das Buch gibt wertvolle Impulse und lässt viel Raum für eigenes Erleben. Es unterstützt Mütter und Väter, ihren Kindern zu erzählen, dass vor ihnen schon ein Baby da war und nun nicht mehr mit ihnen lebt. Es öffnet Raum für gemeinsames Fragen- und gemeinsames Antwortensuchen. Und es weist auch Angehörige und involvierte Fachleute ganz einfach und direkt auf das Wesentliche hin: Das Baby war da, es gehört zur Familie, es hat seinen Platz und prägt das Leben seiner Eltern und Geschwister.
Ich wünsche dem „Sternenschwester"-Buch den Weg zu vielen Kindern und ihren Eltern, zu Großeltern, in Tagesstätten und Kindergärten

---

[3] ebenda, S. 21

sowie in Praxen von ÄrztInnen und TherapeutInnen. Damit Kinder wissen, wer alles zu ihrer Familie gehört!

Franziska Maurer, Hebamme & Leiterin der Fachstelle Fehlgeburt und perinataler Kindstod.

Hilfreiche Adressen in der Schweiz, Österreich und Deutschland

Schweiz:
Fachstelle Fehlgeburt
und perinataler Kindstod
Beratung für betroffene Familien
und involvierte Fachpersonen
Anschrift: Postfach 480,
CH-3000 Bern 25
Telefon: +41-(0)31-333 33 60
(Mo-Fr 8.30–10.00 Uhr)
Fax : +41-(0)031-333 33 62
E-Mail: fachstelle@fpk.de
Web: www.fpk.ch

Österreich/Deutschland:
Initiative „Stille Geburt"
Für Eltern, deren Kind während der Schwangerschaft, bei der Geburt oder im 1. Lebensjahr gestorben ist.
Kontaktpersonen:
Karin Schnabl
Telefon: +49-(0)8363-92 46 45
E-Mail: info@stille-geburt.net

Prim. Dr. Sonja Gobara
Telefon +43-(0)2742-753 05

Deutschland:
Bundesverband Verwaiste Eltern
in Deutschland e.V. (VEID)
Anschrift:
An der Verfassungslinde 2,
D-04103 Leipzig
Telefon: +49-(0)341-946 88 84
E-Mail: kontakt@veid.de
Web: www.veid.de

Der VEID vermittelt an Partner in den jeweiligen Regionen bundesweit, zum Beispiel in Hannover:
Selbsthilfegruppe „Leere Wiege",
Heidi Blohmann
E-Mail: blohmann-krueger@t-online

Herzlichen Dank an

Lali
meinen unschätzbar wertvollen Wegbegleiter

Line, Christine, Barbara, unseren
Familien, Freundinnen und Freunden
fürs DAsein und Aushalten

Sabina, Günther, Bettina, Frank,
Simone, Manuela, Karin, Roger,
Barbara, Angelina Theres
für die wertvollen Gespräche und den Austausch

Franziska, Barbara,
Marie-Christine, Jorgos
für die einfühlsam fachkundige Begleitung

Stöffu, Katrin und der Fachstelle FPK
für die Unterstützung zur Entstehung dieses Buches

Doris Meyer, geb. 1969,
Pflegefachfrau, Mutter von vier Kindern,
arbeitet als Familienfrau zuhause und in Teilzeit
im sozialpädagogischen Bereich.
2003 kam ihre erste Tochter tot zur Welt.
Als die Autorin während der zweiten Schwangerschaft
erfolglos nach einem geeigneten Bilderbuch
zum Thema Totgeburt/Fehlgeburt
für (nachfolgende) Geschwisterkinder suchte
kam ihr die Idee zu „Sternenschwester".